ALTHUSSER E O MATERIALISMO ALEATÓRIO

CONTRACORRENTE

ALYSSON LEANDRO MASCARO
VITTORIO MORFINO

ALTHUSSER E O MATERIALISMO ALEATÓRIO

São Paulo

2020

Copyright © **EDITORA CONTRACORRENTE**
Rua Dr. Cândido Espinheira, 560 | 3ª andar
São Paulo – SP – Brasil | CEP 05004 000
www.loja-editoracontracorrente.com.br
contato@editoracontracorrente.com.br
www.editoracontracorrente.blog

Editores

Camila Almeida Janela Valim
Gustavo Marinho de Carvalho
Rafael Valim

Equipe editorial

Coordenação de projeto: Juliana Daglio
Revisão: Marcelo Madeira
Diagramação: Denise Dearo
Capa: Maikon Nery

Equipe de apoio

Fabiana Celli
Carla Vasconcelos
Fernando Pereira
Regina Gomes

Dados Internacionais de Catalogação na Publicação (CIP)
(Ficha Catalográfica elaborada pela Editora Contracorrente)

M395   MASCARO, Alysson Leandro; MORFINO, Vittorio.
Althusser e o materialismo aleatório – Coleção Diálogos | Alysson Leandro
Mascaro; Vittorio Morfino – São Paulo: Editora Contracorrente, 2020.

ISBN: 978-65-884700-22

1. Filosofia. 2. Materialismo 3. Direito.
I. Título. II. Autor. III. Coleção.

CDD: 100
CDU: 10

Impresso no Brasil
Printed in Brazil

@editoracontracorrente
f Editora Contracorrente
@ContraEditora

apresentação

Não ousaria propor reflexões sobre Althusser em uma obra escrita por dois dos principais especialistas em seu pensamento. Limitar-me-ei a descrever brevemente as circunstâncias que me levaram a ser o responsável pelo significativo encontro entre Alysson Mascaro e Vittorio Morfino.

Nos dias 31 de maio e 1º de junho de 2017, a convite da professora Marie Goupy, participei do colóquio *Dictature, Raison d'État, État d'exception : ruptures et continuités, théories et applications*, que reuniu um qualificado grupo de pensadores na belíssima *École Française de Rome*. Foi nesta oportunidade que conheci Vittorio Morfino, quem viria se tornar um querido amigo e cujas raras qualidades humanas e intelectuais continuam a me surpreender.

Qualquer pessoa minimamente versada em filosofia sabe que Vitorrio Morfino é um dos grandes filósofos da atualidade, tendo escrito trabalhos fundamentais sobre Espinosa, Maquiavel, Marx, Leibniz e

Althusser. O que talvez alguns não saibam é que ele é também um intransigente defensor da sempre interrompida democracia brasileira, de que é prova um seminário que organizou em 04 de outubro de 2018 na *Casa della Cultura*, em Milão, intitulado *La democrazia interrotta: Lula e le elezioni brasiliane,* e que lhe rendeu um agradecimento público do ex-Presidente Lula, em carta lida na ocasião.

Já Alysson Mascaro é, sem favor algum, um dos mais destacados filósofos do Direito da América Latina, cujo pensamento radical e profundamente original, somado a uma extraordinária capacidade docente, desperta admiração no Brasil e alhures. Conhecemo-nos por intermédio do amigo comum Gilberto Bercovici e há uns bons anos mantemos uma profícua amizade e um constante intercâmbio intelectual.

Foi justamente em uma de nossas frequentes conversas que comentei a respeito da visita que um prestigioso filósofo italiano e querido amigo faria à São Paulo. Quando revelei que o filósofo era Vittorio Morfino, a reação de Alysson Mascaro foi imediata: precisamos organizar alguma atividade com ele!

Na manhã do dia 02 de dezembro de 2019 teve lugar o seminário *Althusser e o materialismo aleatório*. Estudantes, juristas, filósofos e intelectuais lotaram o Auditório Goffredo Telles, na Faculdade de Direito da Universidade de São Paulo, para assistir às intervenções que ora as leitoras e os leitores têm em mãos.

ALTHUSSER E O MATERIALISMO ALEATÓRIO

Vinicius de Moraes dizia que "a vida é a arte do encontro, embora haja tanto desencontro pela vida". Creio que ele tem razão.

Rafael Valim

sumário

APRESENTAÇÃO 5

CAPÍTULO I – Encontro e forma: política e direito 11

1. ALTHUSSER, POLÍTICA E DIREITO 14
2. FORMA E ENCONTRO NA POLÍTICA E NO DIREITO 17
3. ENCONTRO, FORMA, CRISE E SOCIALISMO 31

REFERÊNCIAS BIBLIOGRÁFICAS 35

CAPÍTULO II – Um ou dois materialismos aleatórios? 39

REFERÊNCIAS BIBLIOGRÁFICAS 69

SOBRE OS AUTORES 71

capítulo I
encontro e forma: política e direito

ALYSSON LEANDRO MASCARO

A relação entre encontro e forma, que perpassa de modo variável por toda a produção de Louis Althusser e que tem em *A corrente subterrânea do materialismo do encontro*[1] e outros textos da década de 1980 seu apogeu, desvela um manancial de reflexões cujo impacto é extraordinário para a filosofia e a política. A obra de Vittorio Morfino é exemplar sobre as possibilidades teóricas de tal pensamento althusseriano: a inscrição de Marx em genealogias como as de Espinosa e dos materialismos, ou a relação entre determinação e acaso permitem um pleno

---

[1] ALTHUSSER, Louis. "A corrente subterrânea do materialismo do encontro". *In: Crítica Marxista*, vol. 20. Rio de Janeiro: Editora Revan, 2005, pp. 9-48.

realinhamento do marxismo em face da história da filosofia e em face das lutas presentes.[2]

Um dos campos mais decisivos para o desvendamento da obra althusseriana – e até hoje um dos menos trabalhados – é o do direito. Na década de 1970, com sua reflexão a respeito da ideologia, sua materialidade, seus aparelhos ideológicos e sua inscrição no inconsciente, o direito aparece como o seu núcleo mais recôndito.[3] A determinação basilar da

---

[2] MORFINO, Vittorio. "O primado do encontro sobre a forma". In: *Crítica Marxista*, vol. 23. Rio de Janeiro: Editora Revan, 2005, pp. 11-33.

[3] "Se nossa Tese é exata, ela coloca em destaque uma realidade de primeiríssima importância: o papel *decisivo* desempenhado nas formações sociais capitalistas pela ideologia *jurídico-moral* e sua realização, ou seja, o Aparelho ideológico de Estado jurídico, que é *o aparelho específico que articula a superestrutura a partir da e na infraestrutura*. Da mesma forma que, precedentemente, dissemos que, nas formações sociais capitalistas, era o Aparelho ideológico de Estado escolar que desempenhava o papel dominante na reprodução das relações de produção, assim também podemos propor que, no campo do que chamaremos provisoriamente de *ideologias práticas*, é a ideologia jurídico-moral que desempenha o papel *dominante*. Nós dizemos: a ideologia jurídico-moral, mas sabemos que, nesse par, quando se trata do exercício do Direito, é a *ideologia jurídica* que constitui o essencial já que a ideologia moral só figura aí enquanto complemento, com certeza indispensável, mas somente complemento". ALTHUSSER, Louis. *Sobre a reprodução*. Petrópolis: Vozes, 2008, p. 192. Ainda: ALTHUSSER, Louis. *Aparelhos ideológicos de Estado*: nota sobre os aparelhos ideológicos de Estado. Rio de Janeiro: Edições Graal, 1985. ALTHUSSER, Louis. *Freud e Lacan. Marx e Freud*. Rio de Janeiro: Edições Graal, 1985.

CAPÍTULO I - ENCONTRO E FORMA: POLÍTICA...

ideologia advém da ideologia jurídica, conforme apontam Bernard Edelman e Nicole-Edith Thévenin.[4] A subjetividade no capitalismo é, no que guarda de mais estrutural, uma subjetividade jurídica.

Se o direito é historicamente uma chave que desvenda questões centrais do pensamento althusseriano em textos como aqueles da década de 1970 sobre a ideologia, proponho que o mesmo se dê também para as temáticas filosóficas do último Althusser. A relação entre encontro e forma pode ser mais bem pensada nos campos econômico e político a partir da perspectiva da forma de subjetividade jurídica. Como esta é derivada da forma mercadoria que, por sua vez, determina também uma forma política estatal, a investigação mais profunda sobre encontro e forma poderá ser feita trazendo seus termos para o campo de tais formas centrais da sociabilidade capitalista. Assim, as especificidades da forma política e da forma jurídica revelarão entrecruzamentos e concretudes históricas incontornáveis para a análise sobre determinação, forma, encontro e aleatório.

---

[4] EDELMAN, Bernard. *O direito captado pela fotografia*: elementos para uma teoria marxista do direito. Coimbra: Centelha, 1976. THÉVENIN, Nicole-Edith. "Ideologia jurídica e ideologia burguesa: ideologia e práticas artísticas". *In*: NAVES, Márcio B. (Coord.). *Presença de Althusser*. Campinas: IFCH-Unicamp, 2010, pp. 53-76.

ALYSSON LEANDRO MASCARO; VITTORIO MORFINO

1. ALTHUSSER, POLÍTICA E DIREITO

Althusser representa, para o plano filosófico, tanto o último grande pensador do marxismo "ocidental" quanto o primeiro a preparar terreno para o que, nos termos consagrados e utilizados dentre outros por Ingo Elbe, se chama de "novo" marxismo.[5] Sua insistência no caráter científico do saber marxista, na compreensão da sociabilidade capitalista a partir da determinação e na ideologia como a-histórica e inconsciente permite fazer com que o marxismo nem resvale pelas posições das esquerdas pós-modernas nem, tampouco, se perca em labirintos humanistas, historicistas e idealistas que fizeram os caminhos e descaminhos dos tantos marxismos revolucionários ou institucionalistas do século XX.

O legado do pensamento althusseriano mais conhecido, das décadas de 1960 e 1970, em obras como *Por Marx*, *Para ler 'O capital'*, *Sobre a reprodução* ou *Posições*, permite extrair leituras políticas variadas e distintas. De um lado, sua insistência nas massas como realizadoras da história o posiciona como o último grande filósofo marxista da luta de classes.[6] Nicos Poulantzas –

---

[5] ELBE, Ingo. *Marx im Westen. Die neue Marx-Lektüre in der Bundesrepublik seit 1965*. Frankfurt: Akademie Verlag, 2010, p. 29.

[6] "É em volta do proletariado (a classe explorada na *produção* capitalista) que se agrupam as massas que 'fazem a história' e que vão 'fazer a história'; no caso concreto, a revolução, que irá

CAPÍTULO I - ENCONTRO E FORMA: POLÍTICA...

ainda que a partir de um arsenal categorial próprio – dialoga diretamente com estas posições althusserianas.[7] De outro lado, a insistência no caráter científico da obra do Marx da maturidade contra o jovem Marx e a descoberta da ideologia e da questão da subjetividade na reprodução capitalista faz com que se abra a porta do pensamento de Althusser para um diálogo profícuo com as perspectivas mais radicais do pensamento político marxista sobre as formas da sociabilidade, valendo-se de *O capital* como guia para a compreensão da política não a partir da vontade de seus agentes, mas a partir de suas formas sociais relacionais.[8] Assim, dentre outros caminhos, abre-se um paralelo possível e imediato entre o horizonte althusseriano e aquele dos debates da derivação do Estado, cujo expoente mais importante é Joachim Hirsch.[9] E, no que tange à subjetividade e ao caráter inconsciente da ideologia, o pensamento de Althusser pode ser diretamente ligado à mais

---

explodir no 'elo mais fraco' da cadeia imperialista mundial. (...) São as massas que fazem a história". ALTHUSSER, Louis. *Posições I*. Rio de Janeiro: Edições Graal, 1978, p. 25.

[7] POULANTZAS, Nicos. *Poder político e classes sociais*, vol. 2. Porto: Portucalense, 1971.

[8] MASCARO, Alysson L. *Filosofia do Direito*. São Paulo: GEN-Atlas, 2019. pp. 508-510.

[9] HIRSCH, Joachim. *Teoria materialista do Estado*: processos de transformação do sistema capitalista de Estado. Rio de Janeiro: Editora Revan, 2010. CALDAS, Camilo O. *A teoria da derivação do Estado e do direito*. São Paulo: Outras Expressões, 2015.

consequente posição do marxismo jurídico, aquela de Evguiéni Pachukanis.[10] A tradição pachukaniana não trata o direito como neutro, instrumental ou apartado da economia: a forma mercadoria, determinação última da reprodução social capitalista, para que exista relacionalmente, necessariamente se desdobra em uma forma de subjetividade jurídica. A propriedade privada, a produção com a extração de mais-valor, a circulação e o lucro se fazem mediante um ter por direitos e um vincular-se necessariamente contratual. Esta leitura começou a ser vista em muitos pensadores das décadas de 1960 e 1970, como Umberto Cerroni, na Itália, advindo da tradição de Galvano Della Volpe,[11] e, na tradição dos discípulos de Althusser, vem de Bernard Edelman até um grande arco de teóricos nos dias de hoje.[12]

---

[10] PACHUKANIS, Evguiéni. *Teoria geral do direito e marxismo*. São Paulo: Boitempo, 2017.

[11] CERRONI, Umberto. *O pensamento jurídico soviético*. Mem Martins: Europa-América, 1976. CALDAS, Camilo O. *Perspectivas para o direito e a cidadania*: o pensamento jurídico de Cerroni e o marxismo. São Paulo: Alfa-Ômega, 2006.

[12] NAVES, Márcio B. *Marxismo e direito*: um estudo sobre Pachukanis. São Paulo: Boitempo, 2000. NAVES, Márcio B. *A questão do direito em Marx*. São Paulo: Outras Expressões e Dobra Universitária, 2014. NAVES, Márcio B. (Coord.). *O discreto charme do direito burguês*: ensaios sobre Pachukanis. Campinas: IFCH-Unicamp, 2009. KASHIURA Jr., Celso N. *Crítica da igualdade jurídica*: contribuição ao pensamento jurídico marxista. São Paulo:

CAPÍTULO I - ENCONTRO E FORMA: POLÍTICA...

A afirmação de que a forma do Estado é capitalista e de que a forma de subjetividade jurídica também o é afasta os usos humanistas, idealistas ou reformistas que postulam ser possível melhorar a política ou consertar a sociedade mediante direitos. Se tal leitura científica radical, propiciada apenas pelo marxismo quando analisa as formas da sociabilidade, encontra abrigo e mesmo impulso com a obra de Althusser das décadas de 1960 e 1970,[13] resta saber se encontrará o mesmo na última fase de seu pensamento. Minha tese, em sentido afirmativo, é a de que, a partir das chaves de leitura de *A corrente subterrânea do materialismo do encontro*, iluminam-se questões centrais da política e do direito para o entendimento histórico do capitalismo.

2. ENCONTRO E FORMA NA POLÍTICA E NO DIREITO

O tópico "Modo de produção e transição" de *A corrente subterrânea do materialismo do encontro* é

Quartier Latin, 2009. KASHIURA Jr., Celso N. *Sujeito de direito e capitalismo*. São Paulo: Outras Expressões e Dobra Universitária, 2014.

[13] Sobre a relação da filosofia de Althusser com o direito, *cf.* DAVOGLIO, Pedro. *Althusser e o direito*. São Paulo: Ideias & Letras, 2018. MAGALHÃES, Juliana Paula. *Marxismo, humanismo e direito*: Althusser e Garaudy. São Paulo: Ideias & Letras, 2018. OLIVEIRA, Marcos Alcyr B. de. *Sujeito de direito e marxismo*: da crítica humanista à crítica anti-humanista. São Paulo: Alfa-Ômega, 2017.

fulcral para estabelecer a análise sobre encontro e forma social naquele que é seu momento mais decisivo: a transição entre os modos de produção. Se se toma a última fase do pensamento althusseriano como marxista – e será nesta chave que insistirei, sem desconhecer que os próprios textos permitiriam leituras divergentes –,[14] momentos de "pega" do encontro geram formas sociais, de tal sorte que a reprodução social ordinária ocorre sob coerções relacionais estruturadas, a partir de práticas reiteradas. Na reprodução do modo de produção, pode-se então buscar encontrar,

---

[14] Assim, a leitura de Armando Boito Jr.: "Na nossa avaliação, essa nova fase instaura uma ruptura epistemológica na obra de Althusser – conceito esse de ruptura epistemológica que, como se sabe, Althusser elaborou para caracterizar a ruptura da obra de maturidade de Marx com os seus escritos juvenis. Falamos em ruptura epistemológica para indicar uma descontinuidade profunda, já que Althusser retira-se do campo do materialismo histórico ao abandonar a pergunta sobre as leis e relações de causalidade da história, concebida como um processo, e adota a tese que apresenta a história como o reino da contingência". BOITO Jr., Armando. "Indicações para o estudo do marxismo de Althusser". In: PINHEIRO, Jair (Coord.). *Ler Althusser*. Marília: Oficina Universitária, 2016, p. 153. Sobre a relação entre a última fase de Althusser e suas fases anteriores, dentre outros, *cf.*, ainda, MORFINO, Vittorio. *El materialismo de Althusser*. Santiago do Chile: Palinodia, 2014. PIPPA, Stefano. *Althusser and contingency*. Milão: Mimesis International, 2019. MONTAG, Warren. *Althusser and his contemporaries*. Durham: Duke University Press, 2013. IBRAHIM, Annie (Coord.). *Penser un matérialisme aléatoire*: problèmes et perspectives. Paris: Le temps de cerises, 2012. DE ÍPOLA, Emilio. *Althusser, el infinito adiós*. Buenos Aires: Siglo Veintiuno, 2007.

CAPÍTULO I - ENCONTRO E FORMA: POLÍTICA...

cientificamente, aquelas que são suas determinações próprias e específicas historicamente. Em contraposição, será o encontro que presidirá, exatamente, na erosão das formas. Se assim o é, ele se revela na crise e na ruptura dos modos de produção. Nas transições historicamente dadas, desnuda-se o aleatório por sobre a forma. E, também, o mesmo se permitirá compreender para o problema de transições futuras, como aquelas ao socialismo.

É verdade que o encontro e o aleatório também estão na reprodução social ordinária, na medida em que esta é tecida relacionalmente e, portanto, dada ao acontecimento. Ocorre que tal condição relacional, via de regra, tem nas formas sociais sua constituinte, sua moldura e sua possibilidade material, sobrepujando aquilo que escapa da coerção das formas. Daí que somente a transição entre os modos de produção – quando as formas sociais entram em crise, colapsam, são combatidas, tornam-se disfuncionais ou mesmo perdem sua materialidade – é que se abre como momento exemplar para compreender como se articulam encontro, aleatório e formas sociais. Acabando com qualquer teleologia ou motor intrínseco da história nos moldes hegelianos, diz Althusser:

> O todo que resulta da "pega" do encontro não é anterior à "pega" dos elementos, mas posterior, e por isso poderia não ter "pegado" e, com mais razão ainda, "o encontro

> poderia não ter acontecido". Tudo isso é dito, certamente, com meias palavras, porém é dito na fórmula de Marx, quando nos fala tão frequentemente do "encontro" (*das Vorgefundene*) entre o homem com dinheiro e a força de trabalho nua. Podemos avançar ainda e supor que *o encontro aconteceu na história numerosas vezes antes de sua "pega" ocidental*, mas, por falta de um elemento ou da disposição dos elementos, não "pegou", então.[15]

Tal proposição althusseriana é fundamental para o estabelecimento científico das transições já havidas entre modos de produção. A passagem do feudalismo ao capitalismo não se fez por imperiosidade lógica. Condições e circunstâncias bastante peculiares historicamente permitiram o encontro entre elementos "flutuantes", nas palavras de Althusser, gerando daí estruturas. Meios de produção e relações de produção se encontram e se estabelecem não porque necessariamente se pressuporiam reciprocamente, mas em razão de situações aleatórias que os fazem dar "pega" ou os rechaçam. Nessa base teórica, ter-se-á no direito uma chave decisiva para exemplificar as determinações e o aleatório nas transições.

---

[15] ALTHUSSER, Louis. "A corrente subterrânea do materialismo do encontro". In: *Crítica Marxista*, vol. 20. Rio de Janeiro: Editora Revan, 2005, p. 32.

CAPÍTULO I - ENCONTRO E FORMA: POLÍTICA...

Pachukanis, em *Teoria geral do direito e marxismo*, aponta para a distinção entre as relações capitalistas e aquelas pré-capitalistas, que desconheceram a forma jurídica.[16] Tanto o escravismo antigo quanto o feudalismo medieval não lograram alcançar uma dinâmica relacional produtiva capitalista. É fato que, em Roma, havia de modo incipiente um circuito mercantil. Se se toma uma expansão quantitativa como base para a transição qualitativa, poder-se-ia enxergar, nas formas não-desenvolvidas romanas, um germe mais propício ao capitalismo que aqueles do feudalismo medieval. Ocorre que as circunstâncias da decadência do escravismo antigo não permitiram o surgimento de uma classe burguesa. Já a decomposição do feudalismo, por sua vez, encontrou, mesmo sem o aparato institucional romano, um conjunto de articulações suficientes e propícias à dinâmica mercantil.

Na dinâmica do mundo romano, efetivamente, enraizaram-se mais institutos de circulação – formas

---

[16] "Só a sociedade burguesa capitalista cria todas as condições necessárias para que o momento jurídico alcance plena determinação nas relações sociais. Se deixarmos de lado a cultura dos povos primitivos, em que apenas com muito esforço é possível isolar o direito da massa geral dos fenômenos sociais de ordem normativa, até a Europa feudal medieval, as formas jurídicas distinguem-se pela extrema falta de desenvolvimento". PACHUKANIS, Evguiéni. *Teoria geral do direito e marxismo*. São Paulo: Boitempo, 2017, p. 75.

e fórmulas contratuais, agentes julgadores de contendas etc. – mas a produção, sendo escravista, não ensejou a mercantilização da força de trabalho.[17] A transição do medievo para a modernidade, por sua vez, encontra menos institutos de circulação – um direito mercantil atravessado pelos caprichos dos poderes feudais e teológicos e menos desenvolvido que o

---

[17] Conforme Márcio Bilharinho Naves: "Podemos assim (...) distinguir a forma sujeito de direito, específica do modo de produção capitalista, de outras formas que o indivíduo assume na troca recíproca de bens nas sociedades anteriores ao capital, e, por consequência, levando em conta que a forma sujeito é o núcleo jurídico essencial, reconhecer a existência do fenômeno jurídico somente nas sociedades capitalistas. Em Roma, como vimos, o incremento das trocas leva ao surgimento de todo um conjunto de figuras que constituem o momento subjetivo da circulação naquela sociedade. Em que essa subjetividade equivalente em geral difere de uma subjetividade equivalente propriamente jurídica? A diferença fundamental reside em que a subjetividade no mundo antigo está presa a determinações qualitativas, ela difere de um homem a outro, colocando-os em posições sociais distintas, de sorte que a capacidade volitiva possui graus variados de expressão. (...) Tais diferenças decorrem da estrutura de classes e de domínio fundadas em um modo de produção escravagista, portanto, por uma *determinação política*. (...) A atribuição de capacidade para a prática de atos de comércio a alguns homens e não a todos, e o bloqueio da autonomia da vontade do cidadão romano são, assim, uma determinação política, de modo que a liberdade e a igualdade dos homens *não decorrem do processo do valor de troca*, como na sociedade do capital, mas do seu *status*". NAVES, Márcio B. *A questão do direito em Marx*. São Paulo: Outras Expressões e Dobra Universitária, 2014, pp. 70, 71 e 73.

CAPÍTULO I - ENCONTRO E FORMA: POLÍTICA...

antigo direito romano – mas, de outro lado, o impulso de mercantilização da força de trabalho se deu de modo mais pujante.

Nesse processo de encontro de circunstâncias variadas e aleatórias, apenas aos poucos uma sociabilidade capitalista toma forma, basicamente num processo de duas etapas. O mercantilismo, desde o final da Idade Média e atravessando a Idade Moderna, é a grande fase do interregno entre formas de sociabilidade decadentes e em crise – como a servidão – e as novas – a acumulação mediante extração de mais-valor do trabalho assalariado. Neste sentido, surgem formas políticas híbridas entre o feudalismo decadente e o capitalismo em gestação. Em *A corrente subterrânea do materialismo do encontro*, a insistência de Althusser em pesquisar os teóricos políticos desse arco temporal – Maquiavel, Espinosa, Hobbes e Rousseau –, revela, por meio do recorte histórico desses pensadores, que o período do encontro para uma "pega" de um modo de produção que não se sabia o que seria durou exatamente os longos séculos de Idade Moderna.

O arco teórico referencial de Althusser, em seu texto sobre o materialismo do encontro, remonta aos átomos de Epicuro e ao *clinamen* de Lucrécio na Idade Antiga, com paralelos imediatos a Heidegger na Idade Contemporânea. Contrastando a tradição materialista antiga e a atual com a da metafísica dos clássicos gregos, dos teólogos medievais e do Iluminismo da razão burguesa – até aqui, num movimento enciclopedicamente esperado segundo os catálogos filosóficos –, Althusser impõe também grande peso na leitura dos pensadores da modernidade, alguns deles que, por visões costumeiras, seriam tidos como membros desse mesmo grande percurso da filosofia idealista.[18] Maquiavel, ao postular um líder político sem identidade previamente delineada, que conjugasse fortuna e *virtú* em acontecimentos que poderiam consumar a unificação italiana, sem garantia de que seus efeitos perdurassem, é lido por Althusser como incontornavelmente materialista, por propor que no vazio da política se poderia dar a "pega" da unidade nacional, e tal vazio não é, no pensamento maquiavélico, apenas uma referência de um dado político, mas de uma proposição verdadeiramente filosófica. O mesmo movimento Althusser enxergará em Espinosa, exaltando Deus como começo de tudo para daí poder

---

[18] "Para dizê-lo de maneira polêmica, quando se propõe a questão do "*fim* [finalidade] *da história*", perfilam-se num mesmo campo Epicuro e Espinosa, Montesquieu e Rousseau, sobre a base, explícita ou implícita, de um mesmo materialismo do encontro ou, em sentido forte, de um pensamento da *conjuntura*. E também encontramos Marx, claro, mas forçado a pensar dentro de um horizonte esfacelado entre o aleatório do Encontro e a necessidade da Revolução". ALTHUSSER, Louis. "A corrente subterrânea do materialismo do encontro". *In*: *Crítica Marxista*, vol. 20. Rio de Janeiro: Editora Revan, 2005, p. 24.

CAPÍTULO I - ENCONTRO E FORMA: POLÍTICA...

imediatamente associá-lo à natureza e, então, fazer sob o manto teológico uma filosofia da materialidade. Também Hobbes, ao lançar-se a uma reflexão da política no aberto do medo, do terror e do cálculo sem contrapartida institucional ou jurídica de guarida, é apontado como desviante das tradições não-materialistas da filosofia. Rousseau, por sua vez, ao remontar a um estado de natureza e, antes dele, a um estado de pura natureza – na imagem dos indivíduos isolados na floresta que só se relacionam incidentalmente, antes da criação da sociabilidade mediante artifício –, põe o encontro como base filosófica central. De algum modo, a relevância emprestada por Althusser a tais teóricos revela que, no transcurso da modernidade, muito da tentativa filosófica foi fazer frente a uma realidade que ainda não "pega" em definitivo, na transição aberta entre os modos de produção feudal e capitalista.

O Absolutismo, sem ser o domínio direto do senhor feudal nem tampouco a forma política terceira aos agentes da produção do Estado capitalista contemporâneo, é a "pega" política provisória dos séculos de transição entre os modos de produção. A dinâmica do surgimento do capitalismo, quando da revolução industrial, encontrará um aparato institucional eventualmente menos propício que aquele da antiga Roma imperial, não só por insuficiência, mas por obstáculo à sua constituição, de tal sorte que é apenas enfrentando o Absolutismo, que de algum modo dera anteriormente espaço territorial e unidade econômica mínima à burguesia, que se poderá estabelecer a nova reprodução social. Somente quando se dão as revoluções burguesas contra o aparato absolutista se encontrará, então, o derradeiro e definitivo estabelecimento das formas capitalistas. O pensamento econômico italiano de tradição althusseriana – Gianfranco La Grassa e Maria Turchetto,[19] por exemplo – reconhece, nesse longo período da Idade Moderna absolutista, a existência da mercadoria, como se estivesse posta entre aspas, sem que se tenha encontrado ou alcançado a forma mercadoria. Esta, que se dá somente com a subsunção real do trabalho ao capital, sendo portanto específica do capitalismo contemporâneo, é também parelha desse longo processo de "pegas" que erigem as formas sociais que lhe dão coesão.

Avançando teoricamente, ao se abandonar toda teleologia e toda caracterização dos modos de produção como totalidades suficientes e providas de razão, poder-se-á compreender que o capitalismo não é um sistema de instituições plenamente funcionais,

---

[19] LA GRASSA, Gianfranco. *Valore e Formazione Sociale.* Roma: Riuniti, 1975. LA GRASSA, Gianfranco. *Il valore come astrazione del lavoro.* Bari: Dedalo, 1980. TURCHETTO, Maria. "As características específicas da transição ao comunismo". *In*: NAVES, Márcio B. (Coord.). *Análise marxista e sociedade de transição.* Campinas: IFCH-Unicamp, 2005, pp. 7-56.

CAPÍTULO I - ENCONTRO E FORMA: POLÍTICA...

lógicas ou coerentes. Tanto surge contraditoriamente das lutas contra o Absolutismo e dos escombros e de proveitos desse próprio sistema quanto não se pode dizer que, após isso, seu estabelecimento institucional seja pleno ou suficiente. Há uma coesão de formas sociais que gestam um modo de produção, não uma coerência nem tampouco uma plena suficiência. A materialidade do Estado capitalista, seus antagonismos e conflitos com as classes burguesas e em face das lutas de classes mostram que, desde o século XIX até hoje, o encontro entre relações de produção, forças produtivas e estruturas e formas daí correspondentes não é necessariamente o mais completo ou eficiente. É verdade que, com o estabelecimento do modo de produção capitalista, a marcha da acumulação a tudo e todos domina, de tal sorte que a determinação e a coerção das formas se apresentam, mas tal processo é atravessado por contradições, antagonismos e lutas.

Se assim o é, também não há o ponto ideal a partir do qual o capitalismo e suas instituições possam ser superados. A crise, a falha, a luta e os acasos podem se encontrar de modos variados com a dinâmica do modo de produção, permitindo revoluções, rupturas, superações ou involuções. Neste sentido, o primado do encontro sobre a forma, em momentos de transição, pode ser a mais alta expressão, no plano filosófico, do leninismo em teoria política revolucionária. O socialismo não necessariamente será alcançado com apenas a superação do capitalismo mais avançado, porque este portasse já e exclusivamente germes de sociabilidade futura. As falhas em formações sociais específicas mais atrasadas dentro do contexto capitalista mundial podem fazer com que elos mais fracos da corrente permitam ações revolucionárias de transição, como Lenin antevia para o caso russo de 1917.

O próprio Althusser, em *A corrente subterrânea do materialismo do encontro*, aponta para o fato de que a história do encontro e do aleatório, vista exemplarmente na acumulação primitiva conforme apontado por Marx em *O capital*, está aberta até a atualidade, em movimentos capitalistas nos países periféricos e centrais, tendo perpassado até mesmo aquele campo soviético que se intitulava socialista:

> (...) qualquer modo de produção está constituído de *elementos independentes uns em relação aos outros*, sendo cada um resultado de sua própria história, sem que exista qualquer relação orgânica ou teleológica entre essas diversas histórias. Essa concepção culmina com a teoria da *acumulação primitiva*, da qual Marx, inspirando-se em Engels, retirou um magnífico capítulo de *O Capital*, seu verdadeiro núcleo. (...)
>
> Enganar-nos-íamos em acreditar que este processo de encontro aleatório se limita ao séc. XIV inglês. Ele prosseguiu sempre e

CAPÍTULO I - ENCONTRO E FORMA: POLÍTICA...

> *prossegue ainda em nossos dias* — não só nos países do Terceiro Mundo, que são o exemplo mais surpreendente, mas também entre nós, na desapropriação dos produtores agrícolas e em sua transformação em Operários Especializados (...) — como um processo constante que inscreve o aleatório no centro da sobrevivência e do reforço do "modo de produção" capitalista, aliás, assim como o inscreve também no centro do autodenominado "modo de produção" socialista ele próprio.[20]

No que tange à subjetividade jurídica, a equivalência também é um processo de encontro de condições múltiplas, não necessariamente funcionais. A materialidade mínima para o estabelecimento da exploração do trabalho assalariado vai se dando com uma série de fatores que se apresentam de modo complexo e não-linear. A expropriação dos trabalhadores dos meios de produção, a compulsoriedade do trabalho nos centros urbanos e a pauperização extrema da vida entram em cena com uma miríade de formas de assujeitamento pré-capitalistas que ainda perseveram. Servidões, escravidão e desigualdades formais — como das mulheres, dos estrangeiros, das

---

[20] ALTHUSSER, Louis. "A corrente subterrânea do materialismo do encontro". *In: Crítica Marxista*, vol. 20. Rio de Janeiro: Editora Revan, 2005. p. 33.

sexualidades tomadas como divergentes, dos indígenas e de muitas outras minorias – são elementos que convivem, por séculos, dentro de um sistema geral produtivo capitalista. O caso do Brasil, que acaba com a escravidão em 1888 e que só chega à plenitude do assalariado capitalista nas décadas de Getúlio Vargas, é exemplar de um processo que se afirma em circunstâncias contraditórias, ocasionais e em etapas.[21]

Daí que a forma de equivalência entre sujeitos na troca não se faz, no capitalismo, necessariamente alinhada com outros conteúdos de equivalência. A igualdade contratual não se erige *pari passu* com a igualdade política. Como aponto em *Estado e forma política*,[22] a forma de subjetividade jurídica e a forma política estatal, embora ambas derivadas da forma mercadoria, guardam nucleações próprias e se relacionam entre si apenas num processo de derivação secundária. Rompe-se, aqui, com toda a tradição teórica

---

[21] Debates como os dos modos de produção na história do Brasil, que não se tomam como mera identidade às métricas dos processos europeus, são exemplares neste sentido. *Cf.* ERKERT, Jonathan. *Modos de produção no Brasil: escravidão e forma jurídica*. São Paulo: Ideias & Letras, 2018. Ainda, sobre a formação do Estado brasileiro e sua relação com o modo de produção, dentre outros, *cf.* SAES, Décio. *A formação do Estado burguês no Brasil (1888-1891)*. Rio de Janeiro: Paz e Terra, 1985.

[22] MASCARO, Alysson L. *Estado e forma política*. São Paulo: Boitempo, 2013.

liberal ou juspositivista para a qual, como em Hans Kelsen, o Estado cria o direito e o direito cria o Estado. Neste sentido, o encontro gerou formas; estas não se impuseram logicamente sob um mesmo comando.

3. ENCONTRO, FORMA, CRISE E SOCIALISMO

A relação entre encontro e forma só pode ser pensada a partir de uma dinâmica não-linear, não inexorável e nem teleológica. A transição de modos de produção revela o aleatório e, sob as formas sociais em cada modo de produção, opera crises. Em *A corrente subterrânea do materialismo do encontro*, Althusser situa as bases do encontro no desvio e na desordem, num processo sem sujeito nem finalidades:

> Diremos, então, que o materialismo do encontro tem sua base na tese do primado da positividade sobre a negatividade (Deleuze), na tese do primado do desvio sobre a retidão do trajeto direito (cuja Origem é desvio e não razão), na tese do primado da desordem sobre a ordem (pensamos na teoria dos "rumores"), na tese do primado da "disseminação" sobre a posição do sentido em qualquer significante (Derrida) e no surgimento da ordem no seio mesmo da desordem que produz o mundo. Diremos que o materialismo do encontro se sustenta também por inteiro na negação do fim, de qualquer teleologia, seja racional, mundana, moral, política ou estética. Diremos, enfim, que o materialismo do

> encontro não é o de um sujeito (seja Deus ou o proletariado), mas o de um processo sem sujeito, que impõe aos sujeitos (indivíduos ou outros) aos quais domina a ordem de seu desenvolvimento sem fim definido.[23]

Se é na transição entre os modos de produção que se vê a ascendência do encontro sobre a forma, um processo peculiar se passa na reprodução ordinária da sociabilidade capitalista. Há determinação; o modo de produção capitalista se desenrola mediante a coerção de suas formas estruturantes – mercadoria, valor, dinheiro, direito e Estado – em um processo de exploração que se organiza materialmente para a acumulação. Ocorre que a miríade de relações constituídas mediante as formas sociais se estabelece em um processo de entrecruzamento com contínuos encontros e aleatoriedades, via de regra absorvidos pelas coerções relacionais já estruturadas mas que, eventualmente, podem abalar, parcial ou totalmente, tal conjunto de formas. A reprodução social ordinária tem a presidência das formas sobre o aleatório, mas este continua existindo. Embora a tendência a serem absorvidos pela coerção das formas, o encontro e o acaso sempre se dão.

---

[23] ALTHUSSER, Louis. "A corrente subterrânea do materialismo do encontro". *In: Crítica Marxista*, vol. 20. Rio de Janeiro: Editora Revan, 2005, p. 26.

CAPÍTULO I - ENCONTRO E FORMA: POLÍTICA...

A crise não é um evento excepcional nem raro do capitalismo. É, na verdade, um dado constitutivo. O capitalismo porta a crise e, portanto, é atravessado por uma reprodução que não pode se fundar em plena estabilidade, porque exploradora, opressora, contraditória e antagônica. Sua reprodução ordinária não se sustenta numa dinâmica sempre suficiente de suas formas constituintes, estruturantes e coercitivas. Daí, encontro, forma e crise são necessariamente imbricados, em eventos que, embora uma constância de resoluções típicas na história da sociabilidade capitalista, gestam deslocamentos, rupturas e reacomodações dos termos da própria reprodução.

Os movimentos da atualidade capitalista mundiais encontram velhas constâncias com novas circunstâncias de sua reprodução. Já desde o século XIX, o capitalismo é atravessado pela concorrência entre capitais, mas também entre Estados. O imperialismo, conforme já antevisto pelos marxistas do início do século XX – Rosa Luxemburgo e Lênin –, mantém formas coercitivas sobre as periferias do mundo e eventuais marchas divergentes. Se os marcos da ação imperialista dos EUA são os mesmos até hoje, a dinâmica da própria acumulação e da regulação do capitalismo mundial é outra. O pós-fordismo apresenta espaços e mecanismos específicos de ação dentro dos Estados e em sua inter-relação. As formas sociais são as mesmas – Estado, dinheiro, acumulação e imperialismo

–, mas os cenários geopolíticos são próprios. Os golpes – como o do Brasil, em 2016, e os demais em curso na América Latina – não são simplesmente cópias daqueles havidos no século XX. É verdade que muito de 1964 se mantém nos dias de hoje – conforme aponto em *Crise e golpe* –[24] mas o presente, encontrando um capitalismo em crise estrutural de acumulação, ao mesmo tempo se descobre na ausência de opções geopolíticas ou alternativas já dadas. As formas já não dão conta da coerção da crise capitalista do presente; o novo ainda não aparece.

O histórico dos melhores e mais materialmente consequentes debates a respeito da transição ao socialismo no século XX baseia-se na compreensão das determinações do capitalismo – forma, mercadoria, valor, acumulação, Estado e direito – e, daí, na imperiosidade da superação de todo esse conjunto de formas, e não apenas procedendo à sua melhor modulação. O socialismo nem pode ser um capitalismo de Estado mais bem-sucedido que o soviético nem tampouco um bem-estar social capitalista majorado, porque tudo isso é a manutenção das formas específicas do modo de produção capitalista. Assim sendo, as táticas e estratégias da transição ao socialismo só podem se fincar numa análise

---

[24] MASCARO, Alysson L. *Crise e golpe*. São Paulo: Boitempo, 2018.

científica das possibilidades de luta em face de tais determinações últimas e suas formas.

Não há o estabelecimento de uma cartilha da história como se, para as determinações do capitalismo, existissem sempre modelos e receitas de transição estáticos. Exatamente o encontro e o aleatório obrigam a luta social a perceber as constituições das relações e das suas oposições e o inesperado que sempre há, contra e a favor. A transição ao socialismo pode ser lida tanto como a luta de classes padrão que venha enfim a dar certo (emulando de modo melhor as formas de luta que se desenvolveram nos séculos XIX e XX) como, também, o acontecimento distinto e novo. De qualquer modo, se isso empresta à luta uma incerteza, dá também e necessariamente o dístico da possibilidade – de onde ainda se planta no tempo presente, pois, a esperança.

REFERÊNCIAS BIBLIOGRÁFICAS

ALTHUSSER, Louis. "A corrente subterrânea do materialismo do encontro". *In*: *Crítica marxista*. vol. 20. Rio de Janeiro: Editora Revan, 2005, pp. 9-48.

_____. *Aparelhos ideológicos de Estado*: nota sobre os aparelhos ideológicos de Estado. Tradução de Walter José Evangelista e Maria Laura Viveiros de Castro. Introdução crítica de José Augusto Guilion Albuquerque. 2ª ed. Rio de Janeiro: Edições Graal, 1985.

_____. *Freud e Lacan. Marx e Freud*. Introdução crítico-histórica, tradução e notas de Walter José Evangelista, 2ª ed. Rio de Janeiro: Edições Graal, 1985.

_____. *Posições I*. Rio de Janeiro: Edições Graal, 1978.

_____. *Sobre a reprodução*. Tradução de João Guilherme de Freitas Teixeira. Introdução de Jacques Bidet. Petrópolis: Vozes, 2008.

BOITO Jr., Armando. "Indicações para o estudo do marxismo de Althusser". *In*: PINHEIRO, Jair (Coord.). *Ler Althusser*. Marília: Oficina Universitária. São Paulo: Cultura Acadêmica, 2016, pp. 151-182.

CALDAS, Camilo O. *A teoria da derivação do Estado e do direito*. São Paulo: Outras Expressões, 2015.

_____. *Perspectivas para o direito e a cidadania*: o pensamento jurídico de Cerroni e o marxismo. São Paulo: Alfa-Ômega, 2006.

CERRONI, Umberto. *O pensamento jurídico soviético*. Mem Martins: Europa-América, 1976.

DAVOGLIO, Pedro. *Althusser e o direito*. São Paulo: Ideias & Letras, 2018.

DE ÍPOLA, Emilio. *Althusser, el infinito adiós*. Buenos Aires: Siglo Veintiuno, 2007.

EDELMAN, Bernard. *O direito captado pela fotografia*: elementos para uma teoria marxista do direito. Coimbra: Centelha, 1976.

ELBE, Ingo. *Marx im Westen*: Die neue Marx-Lektüre in der Bundesrepublik seit 1965. Frankfurt: Akademie Verlag, 2010.

ERKERT, Jonathan. *Modos de produção no Brasil*: escravidão e forma jurídica. São Paulo: Ideias & Letras, 2018.

HIRSCH, Joachim. *Teoria materialista do Estado*: processos de transformação do sistema capitalista de Estado. Rio de Janeiro: Editora Revan, 2010.

IBRAHIM, Annie (Coord.). *Penser un matérialisme aléatoire*: problèmes et perspectives. Paris: Le temps de cerises, 2012.

KASHIURA JR., Celso N. *Crítica da igualdade jurídica*: contribuição ao pensamento jurídico marxista. São Paulo: Quartier Latin, 2009.

_____. *Sujeito de direito e capitalismo*. São Paulo: Outras Expressões e Dobra Universitária, 2014.

LA GRASSA, Gianfranco. *Il valore come astrazione del lavoro*. Bari: Dedalo, 1980.

_____. *Valore e Formazione Sociale*. Roma: Riuniti, 1975.

MAGALHÃES, Juliana Paula. *Marxismo, humanismo e direito*: Althusser e Garaudy. São Paulo: Ideias & Letras, 2018.

MASCARO, Alysson Leandro. *Crise e golpe*. São Paulo: Boitempo, 2018.

_____. *Estado e forma política*. São Paulo: Boitempo, 2013.

_____. *Filosofia do Direito*. São Paulo: GEN-Atlas, 2019.

MONTAG, Warren. *Althusser and his contemporaries*. Durham: Duke University Press, 2013.

MORFINO, Vittorio. "O primado do encontro sobre a forma". *In*: *Crítica Marxista*, vol. 23. Rio de Janeiro: Editora Revan, 2005, pp. 11-33.

_____. *El materialismo de Althusser*. Santiago do Chile: Palinodia, 2014.

NAVES, Márcio B. (Coord.). *O discreto charme do direito burguês*: ensaios sobre Pachukanis. Campinas: IFCH-Unicamp, 2009.

_____. *A questão do direito em Marx*. São Paulo: Outras Expressões e Dobra Universitária, 2014.

_____. *Marxismo e direito*: um estudo sobre Pachukanis. São Paulo: Boitempo, 2000.

OLIVEIRA, Marcos Alcyr B. de. *Sujeito de direito e marxismo*: da crítica humanista à crítica anti-humanista. São Paulo: Alfa-Ômega, 2017.

PACHUKANIS, Evguiéni. *Teoria geral do direito e marxismo*. Tradução de Paula Vaz de Almeida. São Paulo: Boitempo, 2017.

PIPPA, Stefano. *Althusser and contingency*. Milão: Mimesis International, 2019.

POULANTZAS, Nicos. *Poder político e classes sociais*, vol. 2. Porto: Portucalense, 1971.

SAES, Décio. *A formação do Estado burguês no Brasil (1888-1891)*. Rio de Janeiro: Paz e Terra, 1985.

THÉVENIN, Nicole-Edith. "Ideologia jurídica e ideologia burguesa: ideologia e práticas artísticas". *In*: NAVES, Márcio B. (Coord.). *Presença de Althusser*. Campinas: IFCH-Unicamp, 2010, pp. 53-76.

TURCHETTO, Maria. "As características específicas da transição ao comunismo". *In*: NAVES, Márcio B. (Coord.). *Análise marxista e sociedade de transição*. Campinas: IFCH-Unicamp, 2005, pp. 7-56.

capítulo II
um ou dois materialismos aleatórios?[1]

VITTORIO MORFINO

Para responder à questão que dá título ao meu artigo, retomo uma série de textos que, nos últimos vinte anos, dediquei aos escritos de Althusser dos anos 1980. Antes de tudo proponho um pequeno *excursus* através desses textos. Primeiramente, considerarei a introdução que redigi com Luca Pinzolo para a tradução italiana de alguns dos escritos althusserianos dos anos 1980, publicado com o título *Sul materialismo aleatorio*; os textos considerados foram: "Sur la pensée

---

[1] Tradução de Juliana Miraldi. Tradução de todas as citações e revisão técnica de Diego Lanciote.

marxiste",² "Le courant souterrain du matérialisme de la rencontre",³ dois textos publicados no periódico *Lignes* sobre Maquiavel e Espinosa⁴ e "Portrait d'un philosophe matérialist"e.⁵ O livro foi publicado em 2000.⁶ Na segunda edição de 2006,⁷ adicionamos a tradução do texto "Du matérialisme aléatoire", publicado no periódico *Multitude*.⁸

A tese que defendo nesta introdução é, na verdade, muito breve; refere-se à continuidade entre o Althusser dos anos 1970 e 1980. O objetivo polêmico implícito (que não é citado) foi, sem dúvida, um artigo de Negri publicado em uma edição especial de *Futur antérieur* intitulado "Pour Althusser. Notes sur

---

² Althusser, L. "Sur la pensée marxiste" *In*: *Passages sur Althusser*, Futur antérieur, 1993, pp. 11-29.

³ Althusser, L. "Le courant souterrain du matérialisme de la rencontre". *In*: *Écrits philosophiques et politiques*, T.1. Paris: Stock/Imec, 1994, pp. 539-579.

⁴ Althusser, L. "L'unique tradition matérialiste". *In*: *Lignes*, 18 (1993), pp. 71-119.

⁵ Althusser, L. "Portrait d'un philosophe matérialiste". *In*: *Écrits philosophiques et politiques*, t. I, pp. 581-582.

⁶ Althusser, L. *Sul materialismo aleatorio*. Milano: Unicopli, 2000.

⁷ Althusser, L. *Sul materialismo aleatorio*. Milano: Mimesis, 2006.

⁸ Althusser, L. "Du matérialisme aléatoire" *In*: *Multitude*, 21 (2005/2), pp. 179-194.

CAPÍTULO II - UM OU DOIS MATERIALISMOS...

l'évolution de la pensée du dernier Althusser",[9-10] no qual Negri identificou no pensamento do último Althusser uma *Kehre* [*virada*].

Citarei algumas passagens da introdução a fim de exemplificar o que digo:

> Nos escritos dos anos 1980, reunidos aqui pela primeira vez em uma tradução em italiano, Althusser retoma alguns dos temas cruciais que estão no centro das suas grandes obras dos anos 1960, *Lire Le Capital* e *Pour Marx*, isto é, o tema da temporalidade, da contradição e da complexidade.[11]

Para ilustrar essa afirmação citamos pontos estratégicos de "Esquisse du concept de temps

---

[9] Negri, A. "Pour Althusser. Notes sur l'évolution de la pensée du dernier Althusser". In: *Sur Althusser. Passages. Futur antérieur.* Paris: L'Harmattan, 1993.

[10] "Il est un moment du dernier Althusser, avant la crise vitale que le conduira à un relatif isolement, où se réalise un tournant décisif de sa pensée. Comme dans toute « Kehre » philosophique, des éléments de continuité et des éléments innovateurs s'entremêlent, mais les seconds conquièrent l'hégémonie." (*op. cit.*, p. 83). ["Há um momento do último Althusser, antes da crise vital que o conduzirá a um relativo isolamento, em que se realiza uma virada decisiva de seu pensamento. Como toda "Kehre" filosófica, elementos de continuidade e elementos inovadores misturam-se, mas os segundos conquistam a hegemonia."]

[11] Morfino, V.; Pinzolo, L. "Introduzione" à L. Althusser, *Sul materialismo aleatorio*, p. 8.

historique",[12] "Contradiction et Surdétermination",[13] "Sur la dialectique matérialiste",[14] e, novamente, a distinção entre *todo* e *totalidade* presente em "Est-il simple d'être marxiste en philosophie?".[15] Além disso, demos particular importância a essa passagem de "Contradiction et Surdétermination":

> Voltemos, então, a Lênin e, através dele, a Marx. Se é verdade, como a prática e a reflexão leninistas o provam, que a situação revolucionária na Rússia consistia precisamente no caráter de intensa sobredeterminação da contradição fundamental de classe, é preciso talvez se perguntar em que consiste o excepcional desta "situação excepcional" e se, como toda exceção, esta exceção não esclarece a sua regra, – [se o excepcional] não é, sem que se saiba a regra, a regra mesma. Pois, afinal, não estamos sempre numa situação de exceção?[16]

---

[12] Althusser, L. "Les défauts de l'économie classique. Esquisse du concept de temps historique" *In*: *Lire Le Capital*. Paris: PUF, 1996, pp. 272-309.

[13] Althusser, L. "Contradiction et Surdétermination". *In*: *Pour Marx*. Paris: La Découverte, 1996, pp. 85-128.

[14] Althusser, L. "Sur la dialectique matérialiste". *In*: *Pour Marx*. Paris: La Découverte, 1996, pp. 161-224.

[15] Althusser, L. "Est-il simple d'être marxiste en philosophie?". *In*: *La Pensée*, 183 (1975), pp. 3-31.

[16] Althusser, L. *Pour Marx*. Paris: La Découverte, 1996, p. 103.

CAPÍTULO II - UM OU DOIS MATERIALISMOS...

E, eis a conclusão:

> Se nos anos 1960 Althusser insistiu no caráter da complexidade da estrutura, a última fase da sua reflexão será dedicada a uma investigação sobre o início e a gênese desta tal complexidade, preâmbulo necessário para a compreensão da realidade como *Faktum* de uma pluralidade em disseminação. Emerge a distinção entre conjuntura e conjunção, mas, sobretudo, o modelo epicurista da queda dos átomos em paralelo e de seu encontro possibilitado pelo *clinamen*. É importante enfatizar que a tematização de uma "contingência transcendental" do mundo nada tem a ver com o ressurgimento de uma causalidade pela liberdade no sentido kantiano, que, além disso, sempre foi objeto privilegiado da crítica de Althusser. É, acima de tudo, a retomada do tema da complexidade sempre-já-dada na perspectiva não de sua dissolução revolucionária, mas de sua própria constituição aleatória. Nesse sentido, a contingência não se opõe à necessidade, mas à teleologia. Os átomos e o vazio epicuristas não se fundam na liberdade, mas são acima de tudo a garantia da ausência de um plano que anteceda o encontro. Nada, exceto as circunstâncias factuais do Encontro prepararam o próprio Encontro: este é o significado da insistência althusseriana no vazio e no nada; não uma mística que se faz como outro nome de Deus, mas o nada de tudo aquilo que não é pura facticidade.[17]

---

[17] Morfino, V.; Pinzolo, L. "Introduzione" à L. Althusser, *Sul materialismo aleatorio*, pp. 10-11.

O segundo texto que levo em consideração é "Il materialismo della pioggia di Louis Althusser. Un Lessico", que publiquei nos *Quaderni materialisti*,[18] tentando mostrar a estrutura sistemática que poderia ser refeita sob a natureza fragmentária dos escritos daqueles anos. Quanto à questão da continuidade/ descontinuidade, escrevi:

> A fim de tomar tais textos em seu conjunto (ainda que, na realidade, eles resistam em sua singularidade a tal operação) (...), podemos, certamente, notar a presença de alguns temas os quais mostram uma forte continuidade com as obras dos anos 60:
> i. O conceito do processo sem sujeito e, pois, a negação de toda forma de teleologia, interna ou externa;
> ii. O primado da relação sobre os elementos;
> iii. O anti-humanismo teórico;
> iv. A afirmação de que a filosofia não tem objeto;
> v. A definição da estrutura da metafísica segundo o esquema Origem-Sujeito-Objeto-Verdade-Fim-Fundamento.
>
> Há também elementos notáveis de descontinuidade, particularmente, no estilo impressionista, por vezes, autobiográficos,

---

[18] Morfino, V. "Il materialismo della pioggia di Louis Althusser. Un Lessico". *In: Quaderni materialisti*, 1 (2002), pp. 85-108.

CAPÍTULO II - UM OU DOIS MATERIALISMOS...

aqui e acolá narrativos (Engels, que conhece a facticidade da classe operária, passeando de mãos dadas com Mary Burns pela noite de Manchester), a referência aos textos são de memória, às vezes deformadas ou simplesmente inventadas; certamente, não há nestes textos a sistematicidade e o rigor das grandes obras-primas *Pour Marx* e *Lire Le Capital*, aquele Althusser leitor prodigioso de textos de Marx a partir dos quais ele fazia emergir uma nova conceitualidade; aqui ele limita-se a aproximar a memória dos textos ao seu bel-prazer.

Em todo caso, um grande mérito desses últimos escritos parece ser aquele de ter posto no centro da reflexão filosófica o que estava às margens nos escritos dos anos 60, ou antes o que fora deslocado às margens pelos debates sobre os grandes temas da relação ciência-ideologia e da periodização da obra de Marx. E isso graças à utilização insistente de uma nova constelação de temas (...):

1) vazio / nada;

2) encontro;

3) fato / *Faktum* / factual / facticidade;

4) conjuntura / conjunção;

5) necessidade / contingência.[19]

---

[19] Morfino, V. "Il materialismo della pioggia di Louis Althusser. Un Lessico". *In: Quaderni materialisti*, 1 (2002), pp. 85-108.

Do ponto de vista interpretativo, a tese mais forte que defendi sobre esses conceitos foi a estreita correlação do conceito de vazio ou nada com o conceito de encontro:

> O conceito de "encontro" funciona em estrita correlação com o par conceitual "vazio" e "nada", um não pode ser pensado sem o outro sem que haja mudança da natureza dos dois.[20]

É precisamente a partir daqui que retomei minha leitura do último Althusser, em particular, de "A corrente subterrânea do materialismo do encontro", numa intervenção (*"Il primato dell'incontro sulla forma"*) em uma conferência que ocorreu em Veneza em 2004. Nesse texto, escrevi:

> Na fascinação que exercia tais textos, esconde-se o maior risco: como o próprio Althusser disse sobre as *Teses sobre Feuerbach*, trata-se de um texto que mais cega que ilumina, lampejos que transpassam lugares comuns filosóficos inveterados, ideias que através destes lampejos abrem janelas, mas, na maioria das vezes, não são sustentados pelo trabalho

---

[20] Morfino, V. "Il materialismo della pioggia di Louis Althusser. Un Lessico". *In*: *Quaderni materialisti*, 1 (2002), pp. 85-108.

Morfino, V. "Il materialismo della pioggia di Louis Althusser. Un Lessico". *In*: *Quaderni materialisti*, 1 (2002), pp. 85-108, p. 93.

> paciente do conceito. O maior risco é de ver aí uma liquidação do poderoso racionalismo dos escritos dos anos 60 numa filosofia do acontecimento, do acaso ou, ainda pior, da liberdade. O desafio consiste, então, menos em negar as ambiguidades sobre as quais repousam tais interpretações do que reconhecê-las e pô-las em evidência, tentando dissolvê-las por um golpe teórico, pondo no centro do texto de Althusser uma tese não-escrita e que, contudo, aí representa o fio de Ariadne: a tese do primado do encontro sobre a forma.[21]

Aqui estão os dois gestos fundamentais.

Sobre o vazio:

> Eu gostaria de sustentar que a ênfase nos conceitos de "nada" e "vazio" têm uma função exclusivamente retórica: a contingência, a aleatoriedade, é, de fato, posta pelo encontro, não pelo nada/vazio. Se tomarmos como teórica esta função retórica, arriscamos transformar a teoria do encontro numa teoria do acontecimento ou da liberdade.

---

[21] Morfino, V. "Il primato dell'incontro sulla forma". *In: Giornate di studio sul pensiero di Louis Althusser*. A cura di M. Turchetto. Milano: Mimesis, 2006, pp. 9-34 (Trad. pt.: Morfino, V. "O primado do encontro sobre a forma". *In: Crítica Marxista*. 23 (2006), pp. 11-33).

Sobre Darwin:

> O que eu gostaria de defender é que a posição de Althusser é diametralmente oposta à aristotélica e que a tese não-escrita explicitamente em *A corrente subterrânea* é, na realidade, o seu centro teórico fundamental: o primado do encontro sobre a forma. Tese que recebe uma luz totalmente nova através da comparação do texto althusseriano com um autor que é invocado somente uma vez: Charles Darwin.[22]

Defendi a tese da centralidade do papel de Darwin com base no fato de que a única citação de seu nome remetia a uma conferência organizada em Paris por Dominique Lecourt e Yvette Conry, na qual Lecourt apresentou uma intervenção intitulada *Marx au crible de Darwin*,[23] em que o naturalista inglês foi indicado como o cume de uma filosofia do encontro que contava também com Epicuro e Maquiavel, intervenção que me pareceu, se não diretamente inspirada por Althusser, pelo menos em diálogo com ele.

---

[22] Morfino, V. "Il primato dell'incontro sulla forma". *In*: *Giornate di studio sul pensiero di Louis Althusser*. A cura di M. Turchetto. Milano: Mimesis, 2006, p. 104.

[23] Lecourt, D. "Marx au crible de Darwin". *In*: D. Lecourt, Y. Conry, *De Darwin au darwinisme*. Paris: Vrin, 1983, pp. 227-249.

CAPÍTULO II - UM OU DOIS MATERIALISMOS...

Após esse pequeno *excursus*, finalmente volto à pergunta feita pelo meu título, a saber, "um ou dois materialismos aleatórios?". A questão, claro, ressoa e está implicitamente na polêmica com um artigo publicado por François Matheron e Yoschi Ichida, "Un, deux, trois, quatre, dix mille Althusser. Considérations Aléatoires sur le matérialisme aléatoire".[24] Através dos desenvolvimentos da introdução e dos dois ensaios que citei, minha resposta foi que havia apenas um materialismo aleatório em continuidade com o pensamento althusseriano dos anos sessenta. E não só isso. Quando percebi que em alguns textos não publicados dos anos 1960 Althusser usava certas categorias como "conjunção", "encontro" e "pega", terminei por voltar ao materialismo aleatório nos anos sessenta. Agora estou me perguntando se era a via correta para pensar esse problema.

Vamos primeiro levar em consideração o contexto em que essas categorias emergem nos textos dos anos 1960. Elas parecem intervir para esclarecer a questão da disjunção estabelecida em *Lire Le Capital* entre *gênese* e *estrutura*. Em outras palavras, entre a teoria do corpo, da estrutura real da sociedade (ou melhor, o mecanismo que produz o que Althusser chama de "efeito de sociedade") e a teoria da sociedade burguesa como resultado histórico.

---

[24] *Multitude*, 21 (2005), 2, pp. 167-178.

Parece-me que Althusser introduz o conceito de encontro e de conjunção para resolver dois problemas de sua teoria, problemas que podem ter uma origem comum: a insistência no termo marxiano *Verbindung*, traduzido como "combinação" [*combinaison*], mas pensado como "combinatória" [*combinatoire*], não permitiu pensar na natureza constitutiva das relações e, ao mesmo tempo, não permitiu pensar com clareza suficiente uma alternativa para o conceito de "gênese", que Althusser, contudo, recusou abertamente.

Vejamos o primeiro problema.

Em "L'objet du 'Capital'", particularmente no capítulo dedicado à crítica de Marx à economia política, Althusser usa o termo *Verbindung* para pensar as relações de produção além de qualquer modelo de intersubjetividade:

> (...) nas *relações de produção* estão implicadas necessariamente relações entre os homens e as coisas, tais que as relações dos homens entre eles aí são definidas pelas relações precisas existindo entre os homens e os elementos materiais do processo de produção.[25]

---

[25] Althusser, L. "L'objet du *Capital*". In: *Lire le Capital*. Paris: PUF, 1996, p. 385.

CAPÍTULO II - UM OU DOIS MATERIALISMOS...

Marx concebe as relações de produção como uma *Verbindung*, ou, voltando aos termos da *Introdução* de 1857, como uma *distribuição*, que consiste em "certa *atribuição* dos meios de produção para os agentes de produção, em certa proporção regular fixada entre, por um lado, os meios de produção e, por outro, os agentes de produção".[26] Althusser encontra ainda outras distinções em Marx: do lado dos meios de produção, a distinção entre o objeto e os instrumentos de produção; do lado dos agentes, entre os agentes imediatos da produção e os donos dos meios de produção:

pondo *em relação* esses dife-
s, força de trabalho, trabalha-
, superiores não-trabalhadores
to de produção, instrumento
c., que chegamos a definir os
os de produção que existiram e
istir na história humana.[27]

crescenta uma observação
impor   *ung* dos elementos preexis-
tentes   stituiria própria e puramen-
te un

---

[26] Althusser, L. "L'objet du *Capital*". In: *Lire le Capital*. Paris: PUF, 1996, p. 386.

[27] Althusser, L. "L'objet du *Capital*". In: *Lire le Capital*. Paris: PUF, 1996, pp. 387-388.

[28] "Variantes de la première édition" (Althusser, L. "L'objet du *Capital*". In: *Lire le Capital*. Paris: PUF, 1996, p. 645).

Na segunda edição de 1968, Althusser aperfeiçoa sua análise, afirmando que essa operação "poderia nos fazer pensar numa *combinatória*", mas que a natureza específica das relações postas em jogo nessas diferentes combinações define e limita estritamente o campo:

> Para obter os diferentes modos de produção, antes é preciso combinar esses diferentes elementos, mas se servindo de *modos de combinação*, de "*Verbindungen*" *específicas*, que só têm sentido na natureza própria do *resultado* da combinatória (...).[29]

Por que essa correção? Podemos supor que a tradução do termo *Verbindung* como *combinação* e sua leitura em termos de uma *combinatória* de elementos possa fazer pensar em uma preexistência dos elementos, que entram, então, em diferentes relações em diferentes modos de produção. A correção que Althusser introduz na segunda edição de *Lire Le Capital* parece ter o propósito de evitar o risco de se pensar em elementos invariáveis combinados de maneiras diferentes em diferentes modos de produção.

Sobre o segundo problema podemos listar uma série de textos, incluindo a pequena nota "Sur la genèse", as cartas a Diatkine e "La querelle de l'humanisme".

---

[29] Althusser, L. "L'objet du *Capital*". In: *Lire le Capital*. Paris: PUF, 1996, p. 388.

CAPÍTULO II - UM OU DOIS MATERIALISMOS...

Nesses textos, a razão da ausência do conceito de "gênese" aparece claramente. Em uma carta a Diatkine de 22 de agosto de 1966, Althusser insiste fortemente na questão:

> Quem diz gênese, diz: reconstituição do processo pelo qual um fenômeno A foi efetivamente *engendrado*. Esta reconstituição é ela mesma um processo de conhecimento: ela só tem sentido (conhecimento) se ela *reproduz* (reconstitui) o processo real que *engendrou* o fenômeno A. Você vê imediatamente que quem diz gênese diz desde o início que o processo de *conhecimento* é *idêntico* em todas as suas partes, e em sua ordem de sucessão no processo de engendramento real. Isso quer dizer que o processo de conhecimento é só imediatamente *sobreponível* ao processo de engendramento real. Isso quer dizer, para dizê-lo numa linguagem menos abstrata, que aquele que faz a gênese de um fenômeno A pode *seguir o rastro* [*suivre à la trace*], em todas as suas fases, *desde a sua origem*, o processo de engendramento real, sem nenhuma interrupção, isto é, sem nenhuma descontinuidade, lacuna ou ruptura (as palavras pouco importam). Esse recobrimento *imediato* e integral, sem nenhuma interrupção, do processo real pelo processo de conhecimento, *implica* esta ideia, que parece evidente [*aller de soi*], que o sujeito do processo real é um único e

mesmo *sujeito*, *identificável* desde a origem do processo até o fim.[30]

O paradigma da gênese, portanto, implica um tipo de unidade orgânica entre os conceitos de "processo de engendramento", "origem do processo", "escopo ou fim do processo", "identidade do sujeito do processo de engendramento", unidade impregnada pela referência a uma experiência, a experiência de engendramento, "seja a da criança que se torna adulta ou a da semente que se torna um vegetal ou um ser vivo". No modelo genético, o indivíduo que encontramos no final do processo, com o qual somos confrontados, já está presente na semente. Segundo Althusser, isso torna a estrutura de cada "gênese" teleológica:

> Todo pensamento genético é literalmente obcecado pela investigação do "nascimento", com tudo o que comporta de ambiguidade esta palavra, que supõe entre outras tentações ideológicas, a ideia (muito frequentemente implícita e desconhecida) que o que deve ser observado em seu nascimento mesmo *já traz o seu nome*, já possui a sua identidade, já é identificável, portanto, em certa medida já existe de alguma maneira

---

[30] Althusser, L. "Althusser à Diatkine, 22/8/1966". *In*: Althusser, L. *Écrits sur la psychanalyse*. Paris: Stock/IMEC, 1993, pp. 83-84.

CAPÍTULO II - UM OU DOIS MATERIALISMOS...

> *antes de seu próprio nascimento* para poder nascer![31]

Althusser acrescenta que o conceito de "gênese", como qualquer outra conceito ideológico, "reconhece desconhecendo-os, ou seja, designa uma realidade, cobrindo-a com um falso conhecimento, uma ilusão". A realidade de que o conceito de gênese desconhece ao considerá-lo através do modelo de nascimento, "esta realidade é (retomo o seu próprio termo [de Diatkine], que me parece, *no estado atual das coisas, isto é, dos conceitos, o melhor*) o *surgimento* do fenômeno A, radicalmente novo com relação a tudo que precede seu próprio surgimento":[32]

> Daí a exigência de uma outra *lógica* que aquela da *gênese*, mas precisamente para *pensar* essa realidade, e não para se *dispensar* de pensar esta realidade. Há muito que chamei atenção sobre a necessidade de constituir esta nova lógica, e isto é a mesma coisa que definir as formas específicas de uma dialética materialista.[33]

---

[31] Althusser, L. "L'objet du *Capital*". In: *Lire le Capital*. Paris: PUF, 1996, p. 86.

[32] Althusser, L. "L'objet du *Capital*". In: *Lire le Capital*. Paris: PUF, 1996, p. 88.

[33] Althusser, L. "L'objet du *Capital*". In: *Lire le Capital*. Paris: PUF, 1996, p. 88.

Numa breve nota escrita exatamente um mês depois, em 22 de setembro de 1966, intitulada "Sur la genèse", Althusser dá um nome a essa nova lógica, que substituirá a lógica construída em torno da "categoria ideológica (religiosa) de Gênese": "teoria do encontro" ou "teoria da conjunção". Exemplo privilegiado, como na carta para Diatkine, é a lógica da constituição do modo de produção capitalista:

> 1. Os elementos definidos por Marx se "combinam". Prefiro dizer (para traduzir o termo Verbindung), se "conjuntam" "pegando" numa estrutura nova. Esta estrutura não pode ser pensada, em seu surgimento, como o efeito de uma filiação, mas como o efeito de uma *conjunção*. Esta Lógica nova nada tem a ver com a causalidade linear da filiação nem com a causalidade "dialética" hegeliana, que apenas enuncia em voz alta o que contém implicitamente a lógica da causalidade linear.
>
> 2. Contudo, *cada um* dos elementos que vêm a se combinar na conjunção da nova estrutura (neste caso, do capital-dinheiro acumulado, das forças de trabalho "livres", isto é, desprovidas de seus instrumentos de "trabalho, das invenções técnicas") é ele mesmo, enquanto tal, um *produto,* um *efeito*.
>
> O que é importante na demonstração de Marx, é que esses três elementos não são os produtos *contemporâneos* de uma única e mesma situação: não é, dito de outra maneira,

CAPÍTULO II - UM OU DOIS MATERIALISMOS...

> o modo de produção feudal que, sozinho e por uma finalidade providencial, engendra *ao mesmo tempo os três elementos* necessários para que "pegue" a nova estrutura. Cada um desses elementos tem a sua própria "história", ou a sua própria *genealogia* (retomando um conceito de Nietzsche, que Balibar utilizou felizmente para este propósito): as três genealogias são relativamente *independentes*. Vê-se o próprio Marx mostrar que um mesmo elemento (as forças de trabalho "livres") pode ser produzido como resultado por genealogias *totalmente diferentes*.
>
> Portanto, as genealogias dos três elementos são independentes umas das outras, e independentes (em sua coexistência, na coexistência de seus resultados respectivos) da estrutura existente (o modo de produção feudal). O que exclui toda possibilidade de ressurgimento do mito da gênese: o modo de produção feudal não é o "pai" do modo de produção capitalista no sentido que o segundo estaria, teria estado contido "*em germe*" no primeiro.[34]

Podemos encontrar a mesma crítica em "La querelle de l'humanisme", retomando o debate levantado no campo marxista pelo que Althusser chama

---

[34] Althusser, L. 'Sur la genèse', in *Écrits sur l'histoire*. Paris: PUF, 2018, pp. 81-82. Disponível também em: https://scholar.oxy.edu/decalages/vol1/iss2/9/

de "as recentes descobertas da paleontologia humana".[35] Aqui, a referência é Leroi-Gourhan, particularmente sua teoria de que "o 'ancestral' da linhagem humana"[36] é um ser que, embora tenha apenas um cérebro modestamente desenvolvido, tem a particularidade distintiva de uma posição ereta e mãos livres para fazer instrumentos sob condições sociais e não individuais. Essas descobertas parecem preencher a lacuna que separa as sociedades humanas atuais das origens animais da espécie humana, porque, desde suas origens, a espécie humana seria constituída por seres que conviviam e produziam instrumentos rudimentares. Nesse sentido, Althusser cita Suret-Canale, que alegou que isso demonstrava que o trabalho social é a causa originária da humanização. Porém, o alvo polêmico é uma forma-limite de discurso que Althusser resume com uma de suas equivalências características:

> Essência do Homem = trabalho (ou trabalho social) = criação do Homem pelo Homem = Homem Sujeito da História = História como processo tendo o Homem (ou o trabalho humano) como Sujeito.[37]

---

[35] Althusser, L. "La querelle de l'humanisme". *In*: *Écrits philosophiques et politiques*, t. II. Paris: Stock/Imec, 1994, p. 504.

[36] Althusser, L. "La querelle de l'humanisme". *In*: *Écrits philosophiques et politiques*, t. II. Paris: Stock/Imec, 1994, p. 505.

[37] Althusser, L. "La querelle de l'humanisme". *In*: *Écrits philosophiques et politiques*, t. II. Paris: Stock/Imec, 1994, p. 508.

CAPÍTULO II - UM OU DOIS MATERIALISMOS...

Podemos deixar de lado as críticas de Althusser ao conceito de trabalho (que deve ser substituída por todas as outras categorias que observei acima) e focar na questão da antropogênese e no que Althusser define como a persistência espontânea de uma concepção que não pode resistir a associar materialismo e gênese:

> (...) o materialismo é espontaneamente pensado sob e em a categoria de *gênese*. É por isso que os problemas de Origem têm uma tal importância, no seio mesmo da concepção atualmente dominante do materialismo dialético. Pois as Origens são o lugar por excelência onde pode operar, com toda a sua liberdade, o esquema ideológico da *gênese*.[38]

Gênese significa filiação, significa que temos de lidar com um indivíduo, cujas transformações podemos seguir na forma espontânea de um empirismo que tece um fio contínuo. No momento em que se rompe com o esquema da gênese do homem pelo macaco, ele se precipita no esquema da gênese no reino humano, identificando o indivíduo originário:

---

[38] Althusser, L. "La querelle de l'humanisme". *In*: *Écrits philosophiques et politiques*, t. II. Paris: Stock/Imec, 1994, p. 515.

(...) o Indivíduo originário, ele é identificado, ele fabrica vagas "ferramentas", ele vive em grupo: *é o cara*.[39]

Contra esse esquema da gênese, Althusser opõe a teoria do encontro, cujo exemplo privilegiado (aqui e alhures)[40] é o modo de produção capitalista como resultado de um processo que não tem a forma de uma gênese. Em vez disso, o modo de produção capitalista resulta de um processo no qual uma multiplicidade de elementos definidos, indispensáveis e distintos se encontram, engendrada pelo processo histórico anterior de diferentes genealogias independentes umas das outras. Assim, conclui Althusser permanecendo dentro da metáfora da filiação:

> É preciso ir muito mais longe e dizer que os Filhos que contam no processo da história *não têm pai*, pois nela é preciso muitos, cujos

---

[39] Althusser, L. "La querelle de l'humanisme". *In*: *Écrits philosophiques et politiques*, t. II. Paris: Stock/Imec, 1994, p. 517.

[40] Por exemplo, conferir: Althusser, L. "Sur la Genèse". *In*: *Décalages*, vol. 1, n. 2, 2014, assim como a carta de Althusser a René Diatkine em Althusser, Louis. *Écrits sur la psychanalyse*. Paris: Stock/IMEC, 1993. Claro, este exemplo volta nos anos 1980 em Althusser, L. "Le courant souterrain du matérialisme de la rencontre". *In*: *Écrits philosophiques et politiques*, t.1. Paris: Stock/Imec, 1994, pp. 539-579.

CAPÍTULO II - UM OU DOIS MATERIALISMOS...

> pais não são eles mesmos os filhos *de um único pai* (...), mas de muitos *etc.*[41]

Como vimos, a crítica ao conceito de gênese é constantemente acompanhada de um exemplo histórico, o da acumulação primitiva, que é retomado em "Le courant souterrain du matérialisme de la rencontre". O outro exemplo encontrado nos textos de Althusser é o do inconsciente. Na carta a Diatkine de 22 de agosto de 1966, Althusser escreve:

> (...) quando queremos pensar a "gênese" do inconsciente, partimos do resultado, partimos do resultado no conhecimento, a saber, a existência deste "indivíduo" identificado que se chama inconsciente, e fazer a gênese do inconsciente consiste em remontar ao seu nascimento, ao ponto em que assistiremos ao seu nascimento, mas só chegamos por muito duras penas a nos desfazermos da ideia que, de certa maneira, fazer a gênese do inconsciente é investigar antes de seu nascimento mesmo tudo o que já o *prefigura, o anuncia,* o contém já em pessoa, mesmo à título de esboço, mas que lhe assemelha, e *que já é ele,* que já traz o seu nome, que já é *identificável,* se não como inconsciente, ao menos como o que vai ser, portanto, já é

---

[41] Althusser, L. "La querelle de l'humanisme". *In: Écrits philosophiques et politiques,* t. II. Paris: Stock/Imec, 1994, p. 520.

> mais ou menos em si o inconsciente. Temos grande mal-estar ao considerar que absolutamente *nada* preexiste ao inconsciente que se assemelhe ao inconsciente, sempre temos a tendência a reconhecê-lo, em germe, promessa, esboço, elemento, prefiguração *etc.*, *antes de seu próprio nascimento*, justamente porque concebemos seu *surgimento* sob a forma de um *nascimento*.[42]

O conceito de gênese e nascimento foi rejeitado por conceitos como encontro, pega, conjunção. Podemos tomar como exemplo esta passagem de "Trois notes sur la théorie des discours":

> Creio que não podemos pôr esse problema sob a forma de um problema, mas somente *dispor os elementos em presença* que "presidem" na conjunção que "pega" sob a forma do inconsciente, mas é preciso empregar a palavra "presidem" no sentido da função de presidência, que se exerce por definição sempre à distância. Um presidente não põe a mão na massa. Ora, esses elementos em presença existem nos personagens da cena familiar, da situação familiar: "situação" ideológica em que se produzem, como constitutivos desta "situação",

---

[42] Althusser, L. "Althusser à Diatkine, 22/8/1966". In: *Écrits sur la psychanalyse*, p. 87.

CAPÍTULO II - UM OU DOIS MATERIALISMOS...

> os efeitos de articulação dos inconscientes da mãe e do pai sobre e na estrutura desta situação ideológica. Inconscientes articulados sobre o ideológico, inconscientes articulados uns sobre os outros pelo intermédio (em) de sua articulação sobre o ideológico, eis o que compõe a "situação" que preside a instauração do inconsciente da criança.[43]

E o conceito de vazio? Em uma carta a Diatkine Althusser fala da ausência:

> Creio que você estaria de acordo sobre o princípio bastante geral que a *ausência* possui uma eficácia, com a condição, compreenda-se bem, de que esta não seja a ausência em geral, o nada, ou não importa qual outra "abertura" heideggeriana, mas uma ausência *determinada*, desempenhando um papel no lugar de sua ausência.[44]

Alguém talvez possa avançar a hipótese de que o materialismo aleatório intervém nesses textos dos anos 1960 como retificação de uma teoria formalista da causalidade estrutural. Em outras palavras, parece-me

---

[43] Althusser, L. "Trois notes sur la théorie des discours". In: *Écrits sur la psychanalyse*, pp. 146-147.

[44] Althusser, L. "Althusser à Diatkine, 22/8/1966". In: *Écrits sur la psychanalyse*, p. 90.

que o funcionamento da teoria da causalidade estrutural é garantido por três teses: (T1) a tese da constitutividade das relações; (T2) a tese do primado do encontro sobre a forma; (T3) e a tese da temporalidade plural ou diferencial. Agora, essas três teses devem ser pensadas uma noutra. De fato, T1 sem T2 produz a reversibilidade da gênese e da estrutura ou a impossibilidade de pensar o devir da estrutura; T2 sem T3 leva a pensar o encontro como um evento descontínuo num único tempo linear; e T3 sem T1 acaba pensando uma multiplicidade de tempos não-relacionados.

Agora, o que está acontecendo nos escritos dos anos 1980? Uma série de conceitos persiste: encontro, pega e relações constitutivas. Isso pode nos levar a pensar que estamos lidando com o mesmo materialismo dos anos 1960. O exemplo privilegiado de acumulação primitiva também retorna, mesmo que a referência à psicanálise e ao inconsciente desapareça completamente. E ainda, além desses conceitos, encontramos outros cuja história do aparecimento no pensamento althusseriano ainda está para ser escrita:

1) o par conceitual margem-centro;

2) o conceito deleuziano de "rizoma";

3) o conceito de interstício.

Nesse sentido, esta passagem das *Thèses de Juin* é paradigmática:

CAPÍTULO II - UM OU DOIS MATERIALISMOS...

O mundo é doravante um fluxo imprevisível. Se se quiser dar uma imagem, é preciso remontar a Heráclito (não nos banhamos duas vezes num mesmo rio), ou Epicuro (primado do vazio sobre os corpúsculos atômicos). Se se quiser dar uma imagem mais próxima, seguindo aquela de Deleuze (...), não é mais preciso representar o mundo como à Descartes como uma árvore hierarquizada, mas antes como um rizoma. Para mim, preferiria uma outra imagem, aquela de Marx. Marx dizia: os deuses existem nos interstícios do mundo de Epicuro. Acrescentava: da mesma maneira, as relações mercantes existiam nos interstícios do mundo escravista. Eu ainda diria: relações comunistas (o comunismo é o fim das relações de exploração econômica, o fim da dominação estatal e o fim das mistificações ideológicas) existem nos interstícios do mundo imperialista.[45]

---

[45] "Le monde est désormais un flux imprévisible. Si on veut en donner une image, il faut remonter à Héraclite (on se baigne pas deux fois dans le même fleuve), ou Épicure (primat du vide sur les corpuscules atomique). Si on veut en donner une image plus proche, suivant en cela Deleuze [...] il ne faut plus représenter le monde à la Descartes comme un arbre hiérarchisé, mais plutôt comme un rhizome. Pour moi, je préférerais une autre image, celle de Marx. Marx disait: les dieux existent dans les interstices du monde d'Épicure. Il ajoutait: de la même manière des rapports marchands existaient dans les interstices du monde esclavagiste. Je dirais de même: des rapports communistes (le communisme c'est la fin des rapports d'exploitation économique, la fin de la domination étatique et la fin des mystifications idéologiques) existent dans les interstices du monde impérialiste". (Althusser, L. *Thèses de juin*, IMEC, ALT2. A29.60.04, p. 9).

E novamente na página 12:

> Marx dizia: o proletariado acampa nas margens da sociedade burguesa. E ele o pôs no centro, no coração da luta de classes da sociedade burguesa. O que fazia Marx? Ele fazia da margem o centro. O problema é hoje formalmente o mesmo. É preciso fazer da margem o centro.[46]

Além disso, um conceito como o de vazio, que em sua estreita interconexão com o conceito de encontro, tinha uma função teórica definida, relacionada ao conceito de mundo, muda completamente seu papel. Aqui está um exemplo:

> Eu quero simplesmente dizer que este mundo, vazio de toda estrutura assegurada e estável, vazio de teoria, despolitizado ao extremo (…), eu quero simplesmente dizer *que este mundo oferece-se por si mesmo e que ele está para ser pego*. Estudei o tema da "fortuna" (a boa ocasião) em Maquiavel e cheguei sobre os textos a conclusão *que a fortuna em sua forma superior é o vazio*: a ausência de obstáculos.[47]

---

[46] "Marx disait: le prolétariat campe dans les marges de la société bourgeoise. Et il l'a mis au centre, au cœur de la lutte de classes de la société bourgeoise. Que faisait Marx ? Il faisait de la marge le centre. Le problème est aujourd'hui formellement le même. Il faut faire de la marge le centre". (Althusser, L. *Thèses de juin*, IMEC, ALT2. A29.60.04, p. 12).

[47] "Je veux simplement dire que ce monde, vide de toute structure assurée et stable, vide de théorie, dépolitisé à l'extrême [...] je

CAPÍTULO II - UM OU DOIS MATERIALISMOS...

Parece-me que todos esses conceitos estão moldando a segunda tendência presente nos escritos sobre o materialismo aleatório (uma tendência que predomina nos escritos de 1985-86), uma tendência messiânica na qual o vazio deve devir pleno, as margens-centro, os interstícios-mundos, onde a ausência não tem um caráter determinado, mas é a espera de uma *parousia* plena, que a teoria da causalidade estrutural pensava como impossível e imaginária: "O que reina em silêncio é uma grande espera!"[48].

Para concluir, proponho o seguinte esquema interpretativo. Se tomarmos como um todo os escritos dos anos 1980 (algo que Luca Pinzolo e eu fizemos publicando-os com o título *Sul materialismo aleatorio*), podemos encontrar neles a reelaboração do material produzido por duas correntes temporais diferentes; a primeira proveniente dos anos 1966-67 (que eu chamaria de tendência lucreciana) e a segunda dos anos 1976-78[49] (tendência escatológica ou messiânica).

---

veux simplement dire *que ce monde s'offre de lui-même et qu'il est à prendre.* J'ai étudié le thème de la "fortune" (la bonne occasion) chez Machiavel, et je suis parvenu sur textes à la conclusion *que la fortune dans sa forme supérieure est le vide*: l'absence d'obstacles." (Althusser, L. Thèses de juin, IMEC, ALT2. A29.60.04, p. 10)

[48] "Ce qui règne en silence c'est une grande attente!" (Althusser, L. "Sur le matérialisme aléatoire". In: *Multitude*, 2005, p. 189.

[49] Penso, particularmente, em algumas passagens sobre o comunismo de *Les vaches noires. Interview imaginaire*, Paris : PUF,

Talvez se possa atribuir à primeira tendência a reelaboração dos materiais trazidos por uma segunda corrente, proveniente dos anos 1960, com os cursos de Rousseau e Maquiavel e o texto sobre o imperialismo.[50] Certamente, as duas tendências produzem uma tensão que atravessa os escritos e os conceitos desses anos, tensão que talvez auxilie a explicar a diferença – para não dizer a oposição – entre as interpretações que se soergueu.

No entanto, talvez seja possível dar um passo adiante, arriscando uma hipótese que exigiria ser provada num trabalho preciso e rigoroso sobre esses textos, parte dos quais ainda não foram publicados: se poderia propor uma periodização mais precisa desses escritos, dizendo que nos escritos de 1982 há uma predominância da tendência lucreciana, enquanto nos escritos de 1985-86 há um domínio da tendência escatológica.

2016, p. 251-267 ou sobre as margens em *Être marxiste en philosophie*, Paris: Puf, 2015, pp. 212-216.

[50] Althusser, L. "Machiavel et nous". In: *Écrits philosophiques et politiques*, t. II, pp. 39-167; Althusser, L. *Cours sur Rousseau*. Édité par Y. Vargas. Paris : Les temps de Cerises, 2012; Althusser, L. "Sur l'impérialisme". In: *Écrits sur l'histoire*, Paris : PUF, 2018, pp. 103-260. Em todo caso, uma importante reconstrução desta corrente encontra-se agora em Stefano Pippa, *Althusser and Contingency*, Milano: Mimesis International, 2018.

CAPÍTULO II - UM OU DOIS MATERIALISMOS...

REFERÊNCIAS BIBLIOGRAFICAS

Althusser, Louis *et alii*. *Lire le Capital*. Paris: PUF, 1996.

Althusser, Louis. *Pour Marx*. Paris: La Découverte, 1996.

Althusser, L. "Est-il simple d'être marxiste en philosophie?" *In*: *La Pensée*, 1975, pp. 3-31.

Althusser, Louis. "L'unique tradition matérialiste". *In*: *Lignes*, 1993 pp. 71-119.

Althusser, Louis. "Sur la pensée marxiste". *In*: *Sur Althusser. Passages, Futur antérieur*. Paris: L'Harmattan, 1993, pp. 11-29.

Althusser, Louis. *Écrits sur la psychanalyse*. Paris: Stock/IMEC, 1993.

Althusser, Louis. *Écrits philosophiques et politiques*, t. I & II. Paris: Stock/Imec, 1994.

Althusser, Louis. *Sul materialismo aleatorio*. Editado por Vittorio Morfino e Luca Pinzolo. Milano: Unicopli, 2000.

Althusser, Louis. "Sur le matérialisme aléatoire". *In*: *Multitude*, p.189, 2005.

Althusser, Louis. *Cours sur Rousseau*. Édité par Y. Vargas. Paris: Les temps de Cerises, 2012.

Althusser, Louis. *Écrits sur l'histoire*. Paris: PUF, 2018.

Lecourt, Dominique. "Marx au crible de Darwin". *In*: *De Darwin au darwinisme*. Paris: Vrin, 1983, pp. 227-249.

Matheron, François & Ichida, Yoschi. "Un, deux, trois, quatre, dix mille Althusser. Considérations Aléatoires sur le matérialisme aléatoire". *In*: *Multitude*, 2005, pp. 167-178.

Morfino, Vittorio. "Il materialismo della pioggia di Louis Althusser. Un Lessico". *In*: *Quaderni materialisti*, 2002.

Morfino, Vittorio. "Il primato dell'incontro sulla forma". *In*: *Giornate di studio sul pensiero di Louis Althusser*. Milano: Mimesis, 2006.

Negri, Antonio. "Pour Althusser. Notes sur l'évolution de la pensée du dernier Althusser". *In*: *Sur Althusser. Passages, Futur antérieur*. Paris: L'Harmattan, 1993.

Pippa, Stefano. *Althusser and Contingency*. Milano: Mimesis International, 2018.

sobre os autores

Alysson Leandro Mascaro – jurista e filósofo do direito, é doutor e livre-docente em Filosofia e Teoria Geral do Direito pela Universidade de São Paulo (Largo São Francisco/USP). É professor da Faculdade de Direito da USP, além de fundador e professor emérito de muitas instituições de ensino superior. Autor de obras consagradas, coordena na Editora Contracorrente a coleção *Pensamento Jurídico Crítico*.

Vittorio Morfino – professor de História da Filosofia na Universidade de Milão-Bicocca, onde também coordena o curso de especialização em Teoria Crítica da Sociedade. É diretor de pesquisa no Colégio Internacional de Filosofia, em Paris. Foi professor visitante na Universidade de São Paulo, na Universidade Paris 1 – Panthéon-Sorbonne e na Universidade Bordeaux. É o editor dos periódicos *Quaderni materialisti* e *Décalages. An Althusserian Journal*.

A Editora Contracorrente se preocupa com todos
os detalhes de suas obras!
Aos curiosos, informamos que este livro foi impresso
no mês de setembro de 2020, em papel Pólen Soft 80g,
pela Gráfica Copiart.